先生も子どももできる

楽《たの》しい なりきり あそび

芸術教育研究所 監修
劇団風の子東京 福島康・大森靖枝 編著
伊藤靖子 絵

黎明書房

たねから木《き》に

小《ちい》さくなれ　小《ちい》さくなれ
小《ちい》さくなーれ
もっともっと小《ちい》さくなーれ
小《ちい》さな小《ちい》さなたねが
まかれました
小《ちい》さな小《ちい》さなたねから
芽《め》がでてきました
芽《め》がぐんぐんのびて
いきます
枝《えだ》も　はっぱものびて
大《おお》きな
木《き》になりました

（うえ）

どこからともなく
そよそよとやさしい風《かぜ》が
ふいてきました
枝《えだ》やはっぱが風《かぜ》と
おはなしをしています
風《かぜ》はだんだん強《つよ》くなり
枝《えだ》もはっぱも
ゆれはじめました
風《かぜ》はますます強《つよ》くなり
木《き》は大《おお》ゆれにゆれました
（した）

展開とポイント

このあそびは、ホールや体育館、屋外でもできます。

また、人数も特に制限はありません。

屋内で行う時はできるだけ裸足ですることをすすめます。

靴や靴下を脱がせる時に、例えば「みんなアヒルになって靴や靴下を脱いで下さい。壁のそばに置いてから、自分の好きなところに座りましょう」のように声かけするとよいでしょう。

語り口調は、できるだけそれぞれの地方の言葉でするとよいでしょう。

一つ一つのあそびは子どもたちが想像的に十分あそんでいるのを確認してから、次に移行しましょう。

いもむし

大《おお》ゆれにゆれている木《き》から何《なに》かが落《お》ちました
それはいもむしでした
いもむしは風《かぜ》にまけないように　はっています
とつぜん強《つよ》い風《かぜ》がふいてきて　いもむしがころがりました
なにかにぶつかりました

カエル

いもむしがぶつかったのはカエルでした
カエルは　いもむしがぶつかってきたので
ぴょんととびはねました
カエルはあっちこっち　とびまわったり
池《いけ》や沼《ぬま》にとびこんでおよいでいます
カエルがとびだすと

ネコ

そこには
背《せ》を丸《まる》めてねているネコがいます
ネコは目《め》をさまして
大《おお》きくのびをしながら歩《ある》きはじめました
あいさつをしたり　けんかをしたり……

展開とポイント

ネコのグループをつくり、リーダーがネコ語で話し、いま何と言ったかをあてっこするのも面白いでしょう。

リーダーを交代し何回かやってみましょう。

ちょうちょ

さなぎから
ちょうちょが生《う》まれました
生《う》まれたちょうちょは羽《はね》をひろげて
とびたちました
ちょうちょは　空《そら》をとびまわっています
おいしいみつのある花《はな》を
さがしています
気《き》に入った花《はな》を見《み》つけて
花《はな》にとまり　みつをすいます

展開とポイント

ちょうちょが花に止まるシーンは、二人組で一人がちょうちょに、一人が花になります。止まったところで花とちょうちょ役を交代して、別の花に飛んでいき、ちょうちょが止まったらまた交代するとよいでしょう。

慣れたら花やちょうちょを集団（グループ）にしてあそびます。

トカゲ

ちかくには
トカゲがいます
トカゲは自由《じゆう》に
走《はし》りまわっています
つかれたトカゲは
ひとやすみです

展開とポイント

ひとやすみする時は、十分に手や脚を伸ばしたり、腹を支点にして反り返ったりするとよいでしょう。また、個人個人が疲れたところで自由にひとやすみしましょう。

えものをねらうトラ

トラがなにかを　ねらっています
木《き》のまわりを小《ちい》さな動物《どうぶつ》が
楽《たの》しそうにあそびまわっています
トラは岩《いわ》のかげから
その小《ちい》さな動物《どうぶつ》をねらっています
トラは岩《いわ》をとびこえて
動物《どうぶつ》にとびかかりました

展開とポイント

グループであそびます。グループの分け方は、全員を自由に歩かせ、先生の拍手の数の人数で集まるのがよいでしょう。5回叩いたら5人が一組のように（多人数の時は笛で）。

参加人数によって、トラの数や獲物の数、障害物、木などの数を自由に変えてあそびましょう。

体育館やグランドの広さを十分に利用して大きな動きであそびましょう。

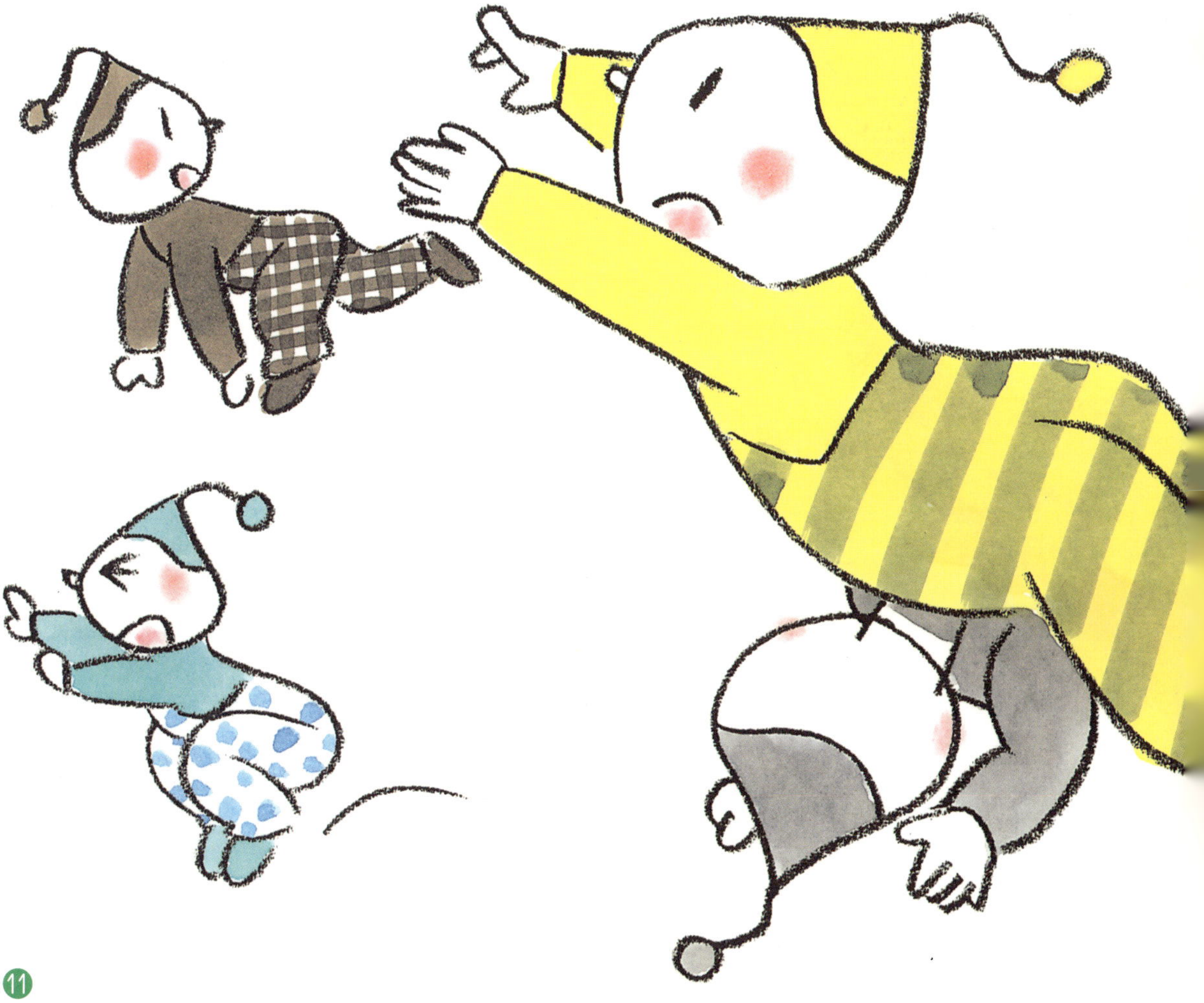

ミミズ

目《め》をとじてねましょう
からだがだんだんと　とけていきます
そして　ミミズになっていくのです
ミミズは前《まえ》へいったり
後《うし》ろにいったり
自由《じゆう》に　動《うご》きまわっています

カマキリ

ミミズが立《た》ち止《ど》まると
そこにはカマキリがいました
カマキリは　えものをさがしています
ついに　えものをみつけたようです
カマキリは　すばやい動《うご》きで
えものをとらえました

展開とポイント

カマキリには、多くの種類があります。『君は、何というカマキリかな』などと聞いて回り、想像力・表現力を働かせて答えさせます。

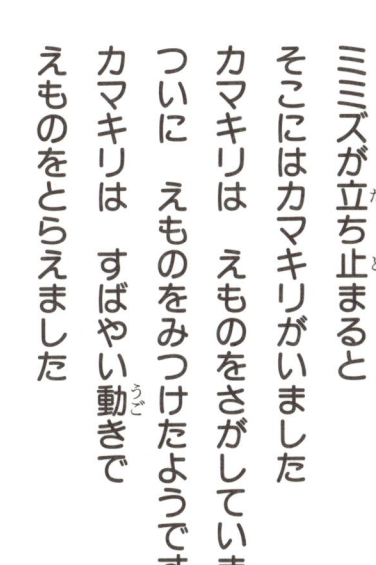

カルガモの親《おや》子《こ》

子《こ》ガモたちのはじめての
さんぽです
おや
水《みず》たまりがありますね
こんどは大《おお》きな石《いし》が
ころがっています
池《いけ》へいくには
枝《えだ》やはっぱのトンネルを
とおりぬけなければ
なりません
池《いけ》につきました
みんなでおよぎましょう
およいでいると
ネコの声《こえ》がしました
どうしましょう

ダンボールの石《いし》
フラフープの水《みず》たまり

カモのつくり方《かた》

バンダナを首《くび》にまく
ふろしき

展開とポイント

カルガモの親子は十人一組くらいが適当です。
カモ言葉を考えて会話すると面白いでしょう。
室内だけでなく園庭でも行いましょう。

はっぱの
トンネル
ロープの川《かわ》
ニャーゴ

ゆっくりカメ組《ぐみ》

ゆっくりカメ組《ぐみ》さんは
お魚《さかな》をさがしにでかけます
あれ！
こんなところに
手紙《てがみ》がおちているぞ？
「長《なが》い針《はり》と短《みじか》い針《はり》が
おいかけっこしている
ところへいけ！」
時計《とけい》の下《した》には　また
手紙《てがみ》がおちています
「赤《あか》メガネをかけている
カメさんが　魚《さかな》をたくさん
もっているはずだ！」
みんなで赤《あか》メガネの
カメをさがしに行《い》こう
赤《あか》ちゃんカメさんの
いるところです

しずかに
しずかに歩《ある》きましょう
赤《あか》メガネのカメさんが

展開とポイント

ゆっくりとカメ歩きをしたり、ゆっくりとおしゃべりすることを楽しみます。

手紙の内容は、子どもの年齢に合わせて、文の中味や場所を決めます。

また、赤メガネのカメ役は、園のバスの運転手さんや事務の先生、園長先生などにお願いするとさらに楽しいでしょう。

普通《ふつう》のタオル
バスタオル
普通《ふつう》のタオル
輪《わ》ゴムでとめる
くつした
緑《みどり》のくつした

バスタオルをマントのようにつけて、すそをズボンに入《い》れてこうらの丸《まる》みをだす

カメのつくり方《かた》

カニの親子《おやこ》とカエル

カニの親子《おやこ》が買《か》いものをしています
帰《かえ》りはいつもの近道《ちかみち》をとおります
その道《みち》には一本橋《いっぽんばし》があり
沼《ぬま》には　はらペコガエルがすんでいます
カニの親子《おやこ》が橋《はし》をわたろうとすると
カエルたちは　とびかかろうとします
カエルになにかおいしいものを
やってわたるといいかもね?

展開とポイント

初めに全員でカニやカエルになって、歩き方や跳び方、泳ぎ方を考え、次に言葉を工夫するとよいでしょう。

例えば、「こわいカニカニ」「おなかへった〜ゲロゲロ」など。

また、一本橋はロープなどでもよく、橋を通る時、食べ物をカエルにやるなど、いろいろな方法を考えてみましょう。

カニのつくり方《かた》

タオルをしぼって輪《わ》ゴムでとめる

カエルのつくり方《かた》

タオルをしぼって輪《わ》ゴムでとめる

目《め》はタオルにくつしたを入《い》れてつくる

はらペコグモと
ちょうちょ

ちょうちょがとんでいると
遠《とお》くで　だれかが呼んでいます
ちかづいてみると
クモたちです
「この巣《す》のむこうに花《はな》が
たくさんさいているよ」
ちょうちょたちは　なかなか
とおりぬけられません
ようやくとおりぬけたちょうちょは
ひらひらとんでいきました

クモのつくり方《かた》

おいしそうだなぁ
ビニールテープでクモの巣《す》もようをつけるといいね
タオル
輪《わ》ゴムでとめる
水中《すいちゅう》メガネ
風船《ふうせん》
中《なか》に風船《ふうせん》やボールなどを入《い》れる
フロシキをむすんでクモのすをつくる

展開とポイント

初めは全員でクモになったり、ちょうちょになってあそびます。クモたちは、ちょうちょが巣の方に来るように誘いの言葉や動きを考えたり、ちょうちょに逃げられたら、どうするか考えてみましょう。

まねっこトラさん

子《こ》どもたちは
楽《たの》しそうに歌《うた》を歌《うた》いながら
歩《ある》いています
今日《きょう》は
キャベツ畑《ばたけ》にいくのです
とつぜん
いたずらトラがでてきて
とおせんぼしました
「おれさまのまねができたら
とおしてやる」
トラはサルのまねを
しました
子《こ》どもたちもサルを
まねました
トラはヘビのまねを
しました
子《こ》どもたちもヘビの

とポイント

として、全員でトラに
きってあそんだり、少
いイメージの曲で踊っ
ましょう。
まねっこあそびをす
物や乗り物、食べ物な
々工夫します。最後
たちと仲よくなるの
ラが退散するのか子
ちと考えましょう。

トラのつくり方《かた》

ビニールテープなどでもようを

トラはコチョコチョ虫《むし》になって
くすぐりました
子《こ》どもたちも子《こ》どもどうしで
コチョコチョしました

ネズミの探険隊《たんけんたい》

赤《あか》ちゃんネズミがびょうきです
大《おお》きいネズミたちは
びょうきによくきく
青色石《あおいろいし》をさがしにでかけました
シャワーの
トンネルがありました
ここをとおりぬけて
行《い》かなくてはなりません
とおりぬけたところに
プールがありました

展開とポイント

園にある人形やぬいぐるみをネズミの赤ちゃんに見立てて、病気の赤ちゃんネズミをみんなで見守っていくところから始めましょう。

展開とポイント

体操の時は、ネズミ語でやると楽しいです。
子どもたちと体操の内容も考えてみましょう。

いつものくせになっている
たいそうがはじまります

たいそうがおわると
プールに入《はい》り
ワニになったり
カバになったりして
青色石《あおいろいし》をさがしましたが
青色石《あおいろいし》は
みつかりません

展開とポイント

青色石をプールに入れるタイミングが大切です。子どもたちが夢中で遊んでいる時にそっと入れます。また石をとる時に水に潜れない子どもたちには各自に取り方を工夫させましょう。

こんどは魚になって
さがすことにしました
魚《さかな》はトンネルをくぐって
青色石《あおいろいし》をさがしました
ようやく青色石《あおいろいし》が
みつかりました
みんなが青色石《あおいろいし》を
もってかえりました

監　修　芸術教育研究所［所長　多田千尋（ただ　ちひろ）］
　芸術教育を通して子どもたちの全面発達を育むための研究機関として、1953年に設立。1984年には「おもちゃ美術館」を併設。美術、音楽、演劇、文学、手工芸など、さまざまな芸術教育の研究及び実践を進めている。
　近年は「世代間交流」の視点による芸術教育のアプローチも展開し、高齢者のアクティビティ活動や高齢者と子どもをつなぐ保育の研究も行う。「夏の芸術教育学校」「おもちゃコンサルタント養成講座」等を定期的に開催。

編著者　劇団風の子東京　福島　康（ふくしま　やすし）
　劇団風の子東京嘱託・芸術教育研究所客員研究員
1931年、函館市生まれ。小学校教員勤務の一方、演劇活動を行ってきた。「低学年の劇指導のあり方」等々を全国教育研修会で発表。現在、幼児と親のための表現遊び、保育士・教師のための演劇教室、中高校生のための講座、俳優養成などを行う。

劇団風の子東京　大森靖枝（おおもり　やすえ）
　劇団風の子東京・芸術教育研究所客員研究員
京都の人形劇団で公演活動後、1980年に「劇団風の子」に入団、幼児対象の「小さい劇場」班に所属し、近年は、劇ごっこ「もりのたぬきさん」等の観客も巻き込んで楽しむ公演や、保育士・幼稚園研修会、子育て表現遊びの講座も行う。

イラスト　伊藤靖子（いとう　やすこ）
　セツ・モード・セミナー修了後、デザイン事務所をへて、現在フリーのイラストレーター。絵本、雑誌などに元気な子どもを描いている。作品は『ゆびあそび』『いろいろサーカス』（岩崎書店）、『手作り玉手箱』（文化出版局）、『絵本・チャビーシリーズ』（アメリカ、リトルサイモン社）、『リサイクル工作ずかん』『たのしい行事と工作』『おりがみであそぼう』（小峰書店）、『お年寄りの楽楽おしゃれ術』『お年寄りの楽楽花あそび』（黎明書房）、『ぼけないレッスン』（晶文社出版）等がある。

企　画　多田千尋

お問い合わせは……
芸術教育研究所・おもちゃ美術館　〒165-0026　東京都中野区新井 2-12-10　☎　03(3387)5461

先生《せんせい》も子《こ》どももできる楽《たの》しいなりきりあそび

監　修　芸《げい》術《じゅつ》教《きよう》育《いく》研《けん》究《きゆう》所《じよ》
編著者　劇団風《げきだんかぜ》の子《こ》東京《とうきょう》
福《ふく》島《しま》　康《やすし》
大《おお》森《もり》　靖《やす》枝《え》
発行者　武馬久仁裕
印　刷　株式会社　太洋社
製　本　株式会社　渋谷文泉閣

発行所　株式会社　黎《れい》明《めい》書《しよ》房《ぼう》

460-0002　名古屋市中区丸の内 3-6-27　EBS ビル　☎ 052-962-3045
FAX 052-951-9065　振替・00880-1-59001
101-0051　東京連絡所・千代田区神田神保町 1-32-2　南部ビル 302 号
☎ 03-3268-3470

落丁本・乱丁本はお取替します　ISBN4-654-05192-9

010201